W9-BDP-449

**HISPANIC BOOKS**
**D I S T R I B U T O R S**

**Hispanic Books Distributors, Inc.**
1328 W. Prince Rd.
Tucson, AZ
85705

Library of Congress Catalog Card Number

ISBN 0-938243-01-2

Printed in Hong Kong

Dedication

This book is dedicated to the immigrants of yesterday and today – but in particular to their children –who have come from far and near to this great country with high hopes and aspirations for a better life in the promised land of opportunity.

Publisher & Author

*Dedicatoria*

*Este libro está dedicado a los inmigrantes de ayer y de hoy – pero en particular a sus niños – que han venido desde lejos y de cerca a este gran país con la esperanza de una vida mejor en la tierra prometida de oportunidades.*

*El editor y la autora*

# The Cactus Wren and the Cholla

# El Reyezuelo y La Cholla

The "Arroz Con Leche" contest is an annual, nation-wide event
sponsored by Hispanic Books Distributors, Inc.
The purpose of the contest is to give recognition to the
Hispanic writer of children's stories that depict
Hispanic values, culture and experience.

El concurso "Arroz con Leche" es un evento
nacional que patrocina Hispanic Books Distributors, Inc. anualmente.
El propósito de este concurso es reconocer al escritor
hispano que escribe cuentos para niños que ilustran los valores,
la cultura y la experiencia hispana en Estados Unidos de América.

# The Cactus Wren and the Cholla
# El Reyezuelo y La Cholla

*Story By:* Valerie Chellew García

*Illustrator:* M. Fred Barraza

I like to tell this story about the little bird in the desert. When I tell it, I am reminded of my Hispanic ancestors and their proud contribution to this land, and you will see why, as you learn about the Cactus Wren.

When he came to the desert, he was alone. He was a stranger. But because he was also courageous and determined, he became an important part of this land through his efforts and hard work.

*Me gusta contar este cuento del pajarito en el desierto. Cuando lo cuento, me recuerda a mis antepasados hispánicos y su gran contribución a esta tierra, y ustedes sabrán por qué, cuando sepan más sobre el Reyezuelo del Cactus.*

*Cuando llegó al desierto, el pajarito estaba solo. Era un extraño. Pero gracias a su determinación y coraje, llegó a ser una parte importante de esta región con su trabajo y su esfuerzo.*

When you hear the story of the Cactus Wren, think of your mom, your dad, your grandparents, and be very proud of them. They, too, are an important part of the community. They, too, worked very hard to help make this land beautiful. And they did it for you and for all the other children of all races who call the Southwest their home.

Cuando oigan el cuento del Reyezuelo del Cactus, piensen con mucho orgullo en su madrecita, su papá, sus abuelitos. Ellos también trabajaron duro y ayudaron para que esta tierra fuera un lugar hermoso. Todo lo que hicieron, lo hicieron por tí, y por todos los otros niños de todas las razas que viven en el suroeste.

This is the story:

A long time ago, when the sun started to shine and rivers to flow, when the first trees grew in the forests and the first snow fell on the mountains, every small bit of the world became something different and special.

*Este es el cuento:*

*Hace mucho tiempo, cuando el sol comenzó a brillar y los ríos a correr, cuando crecieron los primeros árboles en los bosques y cayó la primera nieve en las montañas, cada pedacito del mundo se convirtió en algo diferente y especial.*

There were islands in the oceans. There were lakes in
the land. There were places that gave food and others covered
with ice. And there were jungles so green you could not see
earth, and deserts where few plants grew.

*Había islas en los mares. Había lagos en la tierra. Había
lugares que daban alimento y otros cubiertos de hielo. Y había
selvas tan verdes que no se podía ver el suelo, y desiertos donde
pocas plantas crecían.*

In those days, only a few *chollas* lived in the deserts. Little by little, more plants came: The *ocotillo* and the prickly pear. The barrel cactus and the giant *saguaro*. But there were no trees. As there were no animals, everything was quiet. Only the sound of the wind could be heard.

*En aquellos días, sólo unas pocas chollas crecían en los desiertos. Poco a poco empezaron a crecer más plantas, como el ocotillo y el nopal, el cactus barril y el saguaro gigante. Pero no había árboles. Como no había animales, todo estaba quieto. Sólo el silbido del viento se oía.*

Then, came the animals: Spiders and scorpions crawling. Snakes sliding. Mice and rabbits running. Javelinas, coyotes, foxes and mountain lions walking proudly. But because there were no trees, there were no birds.

*Luego, llegaron los animales: Las arañas y los escorpiones arrastrándose. Los ratoncitos y los conejos corriendo. Jabalinas, coyotes, zorros y pumas caminando orgullosamente. Pero como no había árboles, tampoco había pájaros.*

For a long time the desert remained quiet. Sometimes the coyote howled and the mountain lion roared, with no bird to sing or coo. But since the animals of the desert had never seen a bird, they didn't care.

Por mucho tiempo el desierto permaneció en silencio. A veces, el coyote aullaba y el puma rugía, pero no se oía el canto o el piar del pájaro. Sin embargo, como los animales del desierto nunca habían visto un pájaro, a ellos no les importaba.

One day, a little bird flew in from a distant land. A terrible storm had separated him from his brothers and sisters and taken him across the sky into this strange place. He was very tired and needed a place to rest, so he perched on the highest arm of the tallest *saguaro* to look for a tree. But he saw no trees.

Un día, un pajarito voló desde tierras lejanas. Una terrible tormenta lo había separado de sus hermanos y hermanas y lo había traído, atravesando el cielo, hasta este extraño lugar. Porque estaba muy cansado y necesitaba reposar, se paró en el brazo más alto del saguaro más grande buscando un árbol para su nido. Pero no vio ningún árbol.

By now, the animals and plants of the desert had seen this strange, new creature. "What is it?" they whispered. "What is it doing here?"

The little bird didn't know what to do. Night was coming and a cool breeze ruffled his feathers. He had to stay, but where?

"Where can I find a tree?" he asked.

"A tree?" the desert creatures repeated. "We know of no such thing."

Mientras tanto, todos en el desierto habían visto a esta criatura nueva y extraña. "¿Qué es?" se preguntaban. "¿Qué está haciendo aquí?

El pajarito no sabía qué hacer. La noche se acercaba y una brisa fría soplaba por entre sus plumas. Tenía que quedarse, pero ¿dónde?

"¿Dónde puedo encontrar un árbol?" preguntó.

"¿Un árbol?" repitieron las criaturas del desierto. "No sabemos qué es eso."

"Am I a tree?" the *saguaro* asked.

"You are tall and beautiful as a tree, but you have no branches and no leaves," the little bird answered. "I must find a tree to make my nest, or I will die."

"I cannot help you," the *saguaro* said. "Perhaps you should go somewhere else."

"*¿Soy yo un árbol?*" preguntó el saguaro.

"*Eres alto y hermoso como un árbol, pero no tienes ramas ni hojas,*" contestó el pajarito. "*Tengo que encontrar un árbol para hacer mi nido, o moriré.*"

No puedo ayudarte," dijo el saguaro. "*Es mejor que te vayas.*"

"Yes," the others agreed. "We cannot help you."

"But night is coming," the little bird said. "If I fly away, I will get lost in the dark. Please help me find a tree for my nest."

"My stalks are too thin," the ocotillo said.

"My thorns are too sharp," the prickly pear said.

"Sí," dijeron los otros. "No podemos ayudarte."

"Ya viene la noche," dijo el pajarito. "Si me voy, me perderé en la obscuridad. Por favor, ayúdenme a encontrar un lugar para mi nido."

"Mis tallos son muy delgados," dijo el ocotillo.

"Mis espinas son muy agudas," dijo el nopal.

And then the *cholla* spoke. "You can make your nest in me," the cholla said.

At this, they all laughed and laughed, because no one could come close to the cholla without being hurt by its thorns.

"Don't do it," they told the bird. "We fear the *cholla* and you should fear it too."

But the *cholla* ignored them and spoke again.

*Entonces habló la cholla: "Puedes hacer tu nido en mí."*

*Al oír esto, todos se echaron a reír porque nadie podía acercarse a la cholla por temor a lastimarse con sus espinas. "No escuches a la cholla," dijeron. "Nosotros le tenemos mucho miedo."*

*Pero la cholla no les hizo caso y volvió a hablar.*

"Do you work hard? the *cholla* asked the little bird.

"I build my nest a twig at a time," the bird answered, "and that is very hard work."

"Are you brave?" the *cholla* continued. "Brave and strong enough to dare the thorns in my body?"

"I am brave and strong enough to dare the wind and the rain," the bird answered.

"I believe you," said the *cholla*. "Here are my arms. Build your nest."

"*¿Trabajas duro?*" *le preguntó al pajarito.*

"*Construyo mi nido una ramita a la vez,*" *contestó el pajarito, "y eso es un trabajo muy duro.*"

"*¿Eres valiente?*" *continuó la cholla. "¿Tan valiente y fuerte como para desafiar las espinas de mi cuerpo?*"

"*Soy tan valiente y fuerte como para desafiar el viento y la lluvia,*" *contestó el pajarito.*

"*Te creo,*" *dijo la cholla. "Aquí están mis brazos. Haz tu nido.*"

The little bird worked through the evening and worked through the night, while the creatures of the desert waited for him to give up. But he never gave up. It was the best nest he had ever built in spite of the sharp needles of the *cholla*.

*El pajarito trabajó toda la tarde y toda la noche, mientras las criaturas del desierto observaban esperando que se rindiera. Pero nunca se dio por vencido. Construyó el mejor nido de su vida a pesar de las agudas espinas de la cholla.*

After a while, other birds heard his call and came to the desert. Then along came the *paloverdes*. The *mesquites* and other trees followed. Then marvelous wild flowers painted the desert with all the colors of the rainbow.

And there was no one prouder to be part of this land than this courageous newcomer. We now know him as the Cactus Wren, a typical bird of the desert, but I like to think of him as a symbol.

*Después de un tiempo, otros pájaros escucharon su llamado y vinieron al desierto. Con ellos vinieron los paloverdes. Luego los mezquites y otros árboles. Muy pronto, maravillosas flores silvestres pintaron el desierto con todos los colores del arco iris.*

*Y no había nadie más orgulloso de ser parte de esta tierra que este valiente recién llegado. Ahora lo conocemos como el Reyezuelo del Cactus, un pájaro típico de los desiertos, pero a mí me gusta verlo como un símbolo.*

To me, he is a symbol of courage. Of what we can do if we believe in ourselves. A proof that nothing is impossible. Nothing too difficult if we work hard to make it happen.

This is what the Cactus Wren means to me and why it reminds me of my Hispanic ancestors.

*Para mí, es un símbolo de valentía. De lo que podemos hacer si tenemos fe en nosotros mismos. Una prueba de que nada es imposible. Nada muy difícil si trabajamos duro para conseguirlo.*

*Esto es lo que significa para mí el Reyezuelo del Cactus y por eso me recuerda a mis antepasados hispánicos.*

About the author / *Acerca la autora*

Valerie Chellew García was born in Chile, South America. She came to this country twenty six years ago with her husband and their three sons. García studied journalism at the University of Arizona where she received her bachelor's degree and has studied at the graduate level. She is now retired, but previously she was a Spanish Instructor at Pima Community College in Tucson, Arizona.

*Valerie Chellew García nació en Chile, sudamérica. Vino a este país hace veintiséis años con su esposo y sus tres hijos. La Sra. García estudió periodismo en la Universidad de Arizona, donde recibió su bachillerato e hizo estudios a nivel de postgrado. Ahora ya está jubilada, pero anteriormente fue profesora de español en Pima Community College en Tucson, Arizona.*

About the illustrator / *Acerca del ilustrador*

Manuel Fred Barraza was born in Silver City, and grew up in Fort Bayard and Santa Clara in Southwest New Mexico. After four years in the Marine Corp., he went to school at Western New Mexico University to study Art and graduated with an art degree. He has had many one person exhibits and his work can be found on several posters that he has done on various topics. He lives in Arenas Valley in Southwest New Mexico with his wife, Jennifer and their two sons, Scott and Luis. He has been working for the New Mexico State Library, Rural Bookmobile Southwest for fourteen years.

*Manuel Fred Barraza nació en Silver City y creció en Fort Bayard y Santa Clara en la parte suroeste del estado de Nuevo México. Después de pasar cuatro años en el Cuerpo de la Marina, se matriculó en la Universidad de Western New Mexico graduándose en estudios de arte. Barraza ha tenido muchas exposiciones de su trabajo y tambien su arte se puede apreciar en various afiches que ha hecho sobre diversos temas. Vive en Arenas Valley en el Sudoeste de Nuevo Mexico con su esposa, Jennifer y sus dos hijos, Scott Y Luis. Durante los últimos catorce años trabaja para la biblioteca del estado de Nuevo Mexico prestando su servicio en la Biblioteca Ambulante de esa región rural.*

About the story / *Acerca de este cuento*

This story is about the Cactus Wren, a little bird that first came to the American Southwest in search of a place to build its nest. He came alone as a stranger, but was courageous and determined. The author is sure that when you hear the story of the Cactus Wren you will be reminded of your parents or grandparents, when they too, came to the Southwest as strangers. The Cactus Wren and desert plants such as *chollas, saguaros,* and *ocotillos* are at the center state in this delightful tale that will be enjoyed by children and their parents.

*Este cuento es acerca de el Reyezuelo, un pajarito que vino por primera vez al Suroeste de los Estados Unidos en busca de un lugar para hacer su nido. Vino solo, como extranjero, pero era valiente y resuelto. La autora asegura que una vez que el lector oiga este cuento del Reyezuelo, se acordará de sus padres y abuelos, cuando ellos también vinieron como extranjeros al suroeste. El Reyezuelo y las plantas del desierto como* chollas, saguaros, *y los* ocotillos *están en primera plana en este precioso cuento que gustará tanto a los niños como a los padres.*